Uta Haeder • Was weiss das Meer vom Quell

AF272519

Die Autorin

Uta Haeder, Bildende Künstlerin und Autorin, wurde 1944 in Wiesbaden geboren und lebt seit 1969 in Hamburg.

Das Buch

Die Gedichte in diesem Buch beschreiben Liebesglück und -kummer, verliebte Momente und Ernüchterung, handeln von Prinzen und Fröschen, Verführern und entzauberten Helden — dem ewig lust- und leidvollen Wechselspiel unter Liebenden eben: Wechselbäder zwischen Pathos und Lachen, Ironie und Poesie.

Die Autorin bedient sich souverän der verschiedenen Stilarten, um sie auf eine eigene Weise zu verfremden: Unversehens münden konventionell anmutende Verse in überraschende Wendungen, klappt eine eher harmlos erscheinende Idee in ein blitzgescheites aperçu um. Die Lust am experimentellen Umgang mit der Sprache, an Wort- und Gedankenspielen bieten Kino fürs innere Auge. Die Gedichte, mal pointiert mit spitzer Feder — oft mit erfrischender Ironie und Selbstironie gewürzt — mal voller Innerlichkeit und Poesie mit weichem Pinsel gemalt, sind authentische Lyrik.

Uta Haeder

Was weiss das Meer vom Quell
Gedichte

EditionBlattWerk

Bibliografische Information Der Deutschen Bibliothek:
Die Deutsche Bibliothek verzeichnet diese Publikation
in der Deutschen Nationalbibliografie; detaillierte
bibliografische Daten sind im Internet über
http://dnb.ddb.de abrufbar.

© Uta Haeder • EditionBlattWerk, Hamburg • 2003
Alle Rechte bei der Autorin
Einbandgestaltung und Layout: Uta Haeder
Herstellung: Books on Demand GmbH, Norderstedt

ISBN 3-8330-0152-6

Gegebenheiten

Unvollständig
in die Welt gespien.
Ellenbogenlos.
Mit wenig
und zu dünner Haut.
Ein Flügel
blieb meiner Seele.
Den andern
stahl die Macht.
Mein Herz schlug sich
die Knie wund,
und nur der Salzsee
jenseits
der Pappeln
kannte meine Tränen.

Die Balsamfee
schenkte einen
einzelnen linken Flügel
einem Knaben.
Von dem
was sonst sie besass,
gab sie mir mehrere Hände,
drei Augen und
die Sehnsucht,
den linksflügeligen
Knaben zu finden,
dass wir einander lehren
das gemeinsame
Fliegen.

Das ideale WollMilchSchwein

Den sehr geschätzten Tucholsky
hör ich ungläubig fragen:
    Dein Ideal* — *wie* möchste ihn haben?

    Ich will's dir erzählen,
    auch wenn du's nicht glaubst.
    Ich dulde nicht,
    dass du mir Illusionen raubst!

Er sei vielseitig interessiert, am meisten an mir,
sein Sternbild sei Löwewidderstier;
er sei akademisch wegen der Intelligenz,
und etwa einsachtzig wegen der Kongruenz;
er sei ehrlich und offen, innigst mir zugewandt,
dabei bleibt er stets mystisch und hochinteressant;
sei beruflich erfolgreich mit richtig wichtiger Position,
bar aller Laster und Ritter in jeder Situation.

Er sei warmherzig, treu, gütig und weise,
macht keinen Schmutz, isst und schläft auch ganz leise.
Er sei stets schnieke in Schale und riecht immer gut,
und wenn er mich sieht, gerät er in Glut.
Er entsagt jedweder List und aller Gewalt,
er sei grosszügig, dunkelblauäugig und wohlgestalt,
und immer zärtlich, im Bedarfsfall mal wild,
liest wöchentlich *SPIEGEL* und nicht täglich *BILD;*
er sei sportlich gestählt und anschmiegsam,
verschwiegen bei andern, bei mir mitteilsam
— aber bloss nicht geschwätzig, wenn ich Ruhe will:
Dann hat er Verständnis und schweigt fein still.

                                ⇒

Er sei handwerklich begabt und intellektuell,
dabei witzig, charmant und originell
mit Stil und Niveau, ein Rednertalent,
in allen Bereichen universell kompetent;
schätzt die Kunst von Kafka bis zum Kabarett,
sei aufbauend am Tag und umwerfend im Bett.
Er sei Hobbykoch und Gärtner aus Liebe
und immer versöhnlich, wenn mal Sand im Getriebe.
Aufmerksam sei er, von heitrer Gelassenheit und edler
Rasse,
mit Format und Charakter — halt einfach Klasse.
Und sprachlich versiert sei er, mein häuslicher Kosmopolit,
von Südwestmongolisch bis Sanskrit.
Und über Phantasie gegen tägliches Einerlei
verfügt er und legt höchstpersönlich mein Frühstücksei.

Ach ja, ich weiss, mein lieber Kurt T.,
kriegste 'n Schlitten geschenkt, fällt grad kein Schnee.
Kriegste Eier gelegt, musste auf Wolle und Milch
verzichten,
und kann er Wasserhähne, kann er keine Verse dichten.

Ich muss mich bescheiden und improvisiern,
und wenn grad kein Schnee fällt, den Schlitten
als Blumenbank akzept- oder umfunktioniern.

* Kurt Tucholsky: "Das Ideal"

Auf ausgetretnen Pfaden
dort wo alle gehn
will ich
wandern nicht mit dir
Liebe will ich
mit dir leben
was ich geben kann
dir geben
und vielleicht
noch mehr

Neue Wege
möcht' ich suchen
Hand in Hand
Schritt für Schritt
gemeinsam
mit dir finden

Und im Frühling
schneide ich
Herzen
in der Bäume
Rinden   ⇒

Blumen will ich
streun für dich
keine Rosen
— dass kein Dorn
dich sticht

Veilchen lieber und
Vergiss-mein-nicht

Und dann will ich
alle Steine jetzt
entfernen
dass dein Fuss sich
nicht verletzt

Und einen Kranz
aus Blüten winden
will ich
wenn du mich
nur lässt
Musikanten lass ich singen
Jeder Tag mit dir
          — ein Fest

NachtWachen

Verführt zum Tanz hat mich die Nacht
Mit Kerzen war der Raum geschmückt
So glücklich nie die Zeit durchwacht
Empfand mich neu und leicht ver-rückt

Ein vergessener
        Kleiderbügel
ein nasses
        Handtuch
ein ungemachtes
        Bett
erinnern mich
        daran:
Du warst mal wieder
        hier

Hinterlassenschaften

Die vollen
        Aschenbecher
sind von mir
        aber ich bin
        immer da
Das ist kein
        Beweis

Pfeilgift

Hab nicht im
Kreuzworträtsel
die Bekanntschaft gemacht
mit Kurare
mache verantwortlich
den gut platzierten Steckschuss
für mein Fieber
kämpfe mit
Entzugserscheinungen
ein probates Gegenmittel
nicht erhältlich

Deine 78er Spätlese
war vergiftet,
Amor

Abgedriftet

Und dann sind wir
abgedriftet
unser Ziel war nicht gemein
in Sackgassen herumgestolpert
jeder für sich
allein

Gefühle haben sich geirrt
und im Labyrinth verlaufen
Alleine-Sein kann ich geniessen
Einsamkeit kann tödlich sein
Dass ich neben dir
verloren ging
hast du nicht mehr gespürt

Steine Dornen türmen sich
zu Bergen
Blumen sind verblüht
Genug ist nie genug
wenn man(n) sich nur "bemüht"

JahresZeiten

Der Frühling
begann im September
vorsichtig-zärtlich
bildete sich
jung-verliebtes Grün

Im Februar
kam der ach so kurze
Hoch-Sommer mit
zuversichtlich-kräftigem Laub

Der lange Herbst
im März verlor
qualvoll-schmerzlich
Blatt für Blatt
bis zum Winter-Juli
mit einsamer Kälte

Nicht ... Doch ...

Streifst ab mir nicht mein Stachelhemd,
wehst nicht hinweg die Trauer.
Gibst keine Flügel meinen Füssen,
lässt schmelzen nicht die Mauer.

Küsst nicht den Zweifel von der Lippe,
schenkst mir nicht dein ganzes Herz.
Lehrtest nicht, dir zu vertrauen,
nimmst aus den Augen nicht den Schmerz.

Glättest nicht der Stirne Runen,
kämmst nicht den Kummer mir vom Haar.
Teilst nicht die Last auf meiner Schulter,
heilst nicht, wo wund die Seele war.

Wärmst nicht meine kalte Haut,
trocknest meine Tränen nicht.
Doch noch immer hext dein Bild
mir ein Lächeln ins Gesicht.

als
der funke
in den heuhaufen fiel,
stand ich
in der sackgasse.

die flammen
versperrten mir
die umkehr.

tatenlos
sah ich zu,
wie das feuer
alles verzehrte.

asche blieb
zurück.

und spuren
in meinem
gesicht.

rückstände

Bilanz

Ein Krämer sitzt am Lebensende
und kalkuliert die Dividende.
Er rechnet wie viel Mark und Heller
warf er in der Waage Teller.
Er hat sich's so schön ausgemalt,
doch mehr als was er eingezahlt,
soviel er rechnet hoch und quer,
gibt sein Konto ihm nicht her.
Für kalte Mark nur kühle Münzen,
aber keine Liebeszinsen,
keine Blumen, keine Lieder
schlagen sich per Saldo nieder.

Bei der Bilanz des Lebens
hofft er auf Gewinn vergebens.
Meint sich um den Ertrag geprellt,
weil das Ergebnis nichts als Geld.
Er recherchiert, er resümiert.
Quintessenz: Verspekuliert.
Die Investition in Lebensglück
erhält er in gleicher Währung zurück.
Schaudernd sträubt er sich zu fragen:
Kommt Fehl-Betrag von Fehl-Betragen?

Moral:
Ja, so ist des Lebens Lauf
— selten geht Be-Rechnung auf.

immerhin —
minutenlang
war ich schliesslich
glücklich
blick in blick
hand in hand
kopf an schulter
mund an hals
hand an hüfte ...

immerhin

Es ist ein Märchen, kein Gedicht,
vermutlich reimt sich's darum nicht:
Den Reim auf Prinz hab ich vermisst,
wenn jeweils ich 'nen Frosch geküsst.

***

Soeben fiel's mir wieder ein,
ich hab's dann nachgelesen:
Die Lösung in dem Märchen
ist gar kein Kuss gewesen!

Vielleicht hätt's eher was geholfen,
jetzt habe ich's geschnallt:
Hätte ich den blöden Frosch
doch lieber — an die Wand geknallt!

Sterntaler

Ich war so down
            und empty
und alles war mir
            schnuppe

da fielst du wie ein
            kleiner Stern
in meine Nudel-
            suppe

Keine Sorge

Ich flatter und ich schwanke
kein Fallschirm bei der Hand
und niemand der aus Sorge
ein Sprungtuch für mich spannt

So fall ich unaufhaltsam
vom siebten Himmel nieder
doch wenn ich unten aufschlag'
hat mich die Erde wieder

Von Fall zu Fall

Fall aus jedem Rahmen,
dann ist's um mich geschehn.

Fall mir in die Worte,
sollt' ich dir widerstehn.

Fall mir in die Hände,
bis jeder Finger jubiliert.

Fall mir in die Arme,
wenn mich im Winter friert.

Fall vor mir auf die Knie
für einen langen Kuss.

Fall nie mir auf die Nerven,
sonst ist es Punktum Schluss.

Fall ich auf eine Laune rein,
bedeutet das Verzicht.

Doch diesmal fall ich auf die Füsse
und du nicht ins Gewicht.

verliebt

bin
nicht fertig
geworden
im bad
heut morgen
geschminkt
hab ich nicht
mein gesicht
nicht gestylt
mein haar
frag mich also
was bloss war?

konnt nicht
genug kriegen
von mir
meinem
strahlenden blick
meinem
glänzenden haar

KreisLauf

Auf Sohlen aus gewirktem Silber
entsteigt die Frühe rein dem Meere
hinan zu grauen Städten;
erliegt des Tages goldenroten Bildern,
die jüngst im Traum sie noch begehrte.
Ergibt sich, ohne noch zu beten.

Nun wogt der Tag satt und zufrieden,
nachdem den Morgen er bezwungen,
breitbeinig zwischen Mauern.
Er strotzt und dampft, lässt Leiber sieden
und dehnt sich kraftvoll lustdurchdrungen,
als sollt' die Hitze ewig dauern.

Bald trollt sich in sein Schlafgemach
ermüdet und voll Überdruss,
nachdem ein Weib sich ihm verschenkte,
der Tag, der gar so viel versprach.
Dem Abend mit Erlöserkuss
räumt er sein Feld ohne Bedenken.

Ein in die heissen Gassen bricht
und schleicht des Abends Kühle,
umweht ganz still ein jedes Haus.
Und des Mondes blasses Licht
verscheucht der Menschen Atemschwüle,
als triebe es das Laster aus.   ⇒

Gnädig stimmt die blaue Stunde,
bevor der Nacht die Hand sie reicht.
Zeit durch ihre Finger rinnt.
Ein trunker Taumel macht die Runde,
bis Tollheit dem Vergessen weicht,
und bis der Kreislauf neu beginnt.

Auf Sohlen aus gewirktem Silber ...

aufgeregte oktobergefühle
durcheinandergewirbelt
zwischen tanzendem blätterbunt
im novembersturm

nach naher wärme
sehnsuchtsschwanger gefahndet
in deiner armbeuge
schmerz im herz

nüchterne bestätigung
des wetterberichts vorgeahnt
heute nacht sinkt die temperatur
unter den gefrierpunkt

erwartungskerze
angesteckt gegen kälte
die von innen kommt
ein lichtlein brennt ...

TheaterTheater

Ich koch und deck das Tischlein,
richte zierlich das Gedeck;
in die Schale leg ich Rosen,
rangiere das Besteck —

        (die Requisiten ...)

stell Kerzenlicht in Silberleuchter,
weil das bekanntlich schmeichelt;
trag einen Hauch von Seidenkleid,
das meinen Körper streichelt —

        (das Kostüm ...)

hocherfreut begrüss ich dich,
betrittst du spät die Szene;
benehm mich, wie's im Drehbuch steht,
umarm dich notabene —

        (Regieanweisung ...)

nun wünschst du mein geneigtes Ohr,
dass ich dir Beifall zolle —
da red ich plötzlich eignen Text
und fall aus meiner Rolle ...

        V O R H A N G !!

Fazit

Ich fürchte mich vor
dem Geruch nach
kaltem Rauch und
schalem Wein
wenn der Morgen sich
schwermütig
im grauen Regenmantel
durch die Jalousien
schiebt
statt im blau-goldnen
Ferienkleid heiter
auf der Fensterbank zu
tanzen
wenn Reue und Traurigkeit
im Herzen
nisten
und das schlechte
Gewissen
im Hinterkopf
hartnäckig
sich breit macht

Ich will nicht mehr
traurig sein
und bereuen müssen
Ich will
dich bewusst erleben
und geniessen
und nach dem Frühstück
noch fröhlich sein

Das birgt den Verzicht
auf dich
in sich

TraumFragment

Ich wate durch den Nebel
und sehne mich nach Licht,
versuche zu erhellen
des Mannes Angesicht.

Ich müh mich zu erkennen
den Umriss der Figur.
Sie wird für mich nicht deutlich,
gewinnt nicht an Kontur.

Der Mann sich plötzlich wendet,
nun wähn' ich mich am Ziel.
Der Anblick stimmt nicht heiter:
Der Mann hat kein Profil.

Und wie die Schwaden weichen
und Sonne bricht hervor,
sehn meine Sinne tagesklar,
dass ich hier nichts verlor.

NotLüge

"Du hast sein Bild
noch an der Wand
— willst du dich gar versöhnen?"

"Oh Liebste, nein,
im Gegenteil!
Es ist — zum Abgewöhnen."

(un)vergängliche spuren

meine spuren am strand
im feinen sand
hat verschlungen die see

meine schritte auf nassen wegen
gestern im regen
heut zugedeckt vom schnee

drei lettern in mein herz gebrannt
von deiner hand
tun auf immer weh

Wenn ich mit dir
fertig wäre
brauchte ich
mich nicht
zu fragen
ob du
glücklich
bist

Ich
frage mich
pausenlos ...

Zeitver(sch)wendung

Dass ich mit dir fertig sei
wollt' mir bis gestern scheinen

Doch als Marius heut im Radio sang
musst' ich wieder weinen

merkmale

immer werde ich dich erkennen an
der geste deiner hand die
entschieden dein haar zähmt an
dem klang deiner stimme und
läse sie eine seite des telefonbuchs oder
buchstabierte den namen des
nächsten airports an
deinem schritt der
alle stufen und jeden weg nimmt
— alles hinter sich lassend um
dort anzukommen
wo dein glück du wähnst

Du möchtest am liebsten
hier sein
und wärest am liebsten
dort.

Du möchtest am liebsten
bleiben
und gingest am liebsten
fort.

Mein Freund, bedenke:

Wen du auch magst fliehen
— *dich* hast du mitgenommen

Wohin du dich auch wendest
— *du* bist schon angekommen.

Herr Doktor, ach, Sie fragen:
Wie komme ich zurecht?
Schlecht schlafen kann ich gut,
nur gut essen kann ich schlecht.

Die Ringe untern Augen?
Sie meinen jene zwei?
Sehn Sie's doch mal positiv
— besser als deren drei.

Dass ich zu viel rauche
und verliere an Gewicht,
das ist noch nicht bedenklich,
sorgen Sie sich nicht.

Um mein Rückgrat keine Bange,
das macht nicht alles mit,
das lässt sich nicht verbiegen.
Wir beide sind topfit.

Dass ich über meine Füsse stolper,
das ist doch gar nicht wahr.
Sie müssen nichts befürchten,
ich komme bestens klar.

Dass Hände mir und Knie zittern,
das ist nur ein Gerücht.
Wovon sollte so was kommen?
Bitte, glauben Sie das nicht.

Ameisen hab ich zwar im Magen
und alles tut mir weh.
Ansonsten, ich versichre Ihnen,
bin ich total okay.   ⇒

Dass mich derzeit fröstelt,
das liegt nur am Klima.
Bekanntlich wird es wieder Sommer.
Ich fühle mich ganz prima.

Ich hab ein wenig Schnupfen,
hab halt die Nase voll.
Doktor, kein Grund zur Klage,
ich fühle mich ganz toll.

Der Kopf ist mir ganz schwindlig,
der hält es kaum mehr aus.
Versuchen wir, ihn zu verstehn
— der muss mal aus sich raus.

Das kann man isoliert betrachten,
der hat nur etwas Wut.
Mein Kopf ist ein Patient für sich,
daneben geht's mir gut.

Wer Ihnen anderes berichtet,
der belügt Sie glatt.
Ich fühle mich phantastisch!
Nicht wahr, da sind Sie platt?

Dass Seelenstränge arg zerschlissen
— na ja, so etwas lehrt.
Das sollten wir nicht so bedauern,
fürs Leben ist's von Wert.

Hab wieder was dazugelernt,
das muss ich dankend sagen.
Wer etwas gibt, der kriegt auch was.
Worüber also klagen?

Müde und verwundet
hängt die Seele
an den Klippen des Lebens

Das Schiff
der Hoffnung und Zuversicht
ist zerschellt
am Riff
der Gleichgültigkeit

Im Meer
der Resignation
flackert schwach
der Leuchtturm
der Geduld

Die Möwen
schreien nicht mehr
Lebenslust und Freude
sie kriechen unter
ihre eigenen Fittiche
nach Wärme
und Zärtlichkeit

Die Welt ist
nasse graue Kälte

WÄRE ICH EIN MALER
WÜRDE ICH EIN BILD

                    IN MOLL MALEN

WÄRE ICH EIN KOMPONIST
WÜRDE ICH EIN LIED

          IN DUNKLEN FARBEN SCHREIBEN

zustand

alles ausser balance
ganz und gar kopflastig
        rundkreiselnd im goldfischglas

rauchnebel wie im bahnhof der kindheit
kondenswasser überall
        und kein taschentuch

trennung fällt über mich her
gesichtszüge entgleisen
        und alle weichen auf zurück

botschaften aus augenblicken
straucheln zwischen wimperreusen
        zappeln dort ihr leben aus

fensterläden klappen dicht gemacht
kein anschluss für zugnummern
        und nicht mal örtlich betäubt

Ach, Amor,
nie machst du's mir recht:

     Schlecht zielen
     kannst du gut,
     nur gut treffen
     kannst du schlecht.

PRIVATSACHEN

SILBERSCHNELLE GEDANKEN
FISCHE NACH SCHLAF UND TRAUM
WANDEL AUF DÜNNEM SEIL LEICHT
SINNIGE SALATCREATIONEN
UM DIE MITTERNACHT
STUNDEN LANGE TELEFON
GESPRÄCHE MIT AUGEN
MASS VOLLE ANSICHTEN ZUM POL
ITISCHEN GESCHEHEN
LASSEN ODER DOCH
NICHT

FLÜGELCHEN ANHEFTEN AN FESSEL
BALLON ABHEBEN UND LOS
FLUG MIT FENSTER
PLATZ FÜR KONFUZIUS AN PINN
WAND AUS GLAS SCHMELZEN
LASSEN ODER AUCH NICHT
ABER VERSUCHEN IMMER
WIEDER

BEFINDE MICH IN ZAUBER
HAFT PFLICHT IST NÜTZLICH
BEDEUTET SICHER
SICHER SICHERUNG FLIEGT RAUS AB
UND ZU
IST DIE TÜR   ⇒

ERGEBE MICH SCHALL
UND RAUCH
ZEICHEN SETZEN MIT FEDER
KIEL OBEN ODER UNTEN
DAS IST DIE FRAGE DES ÜBER
LEBENS LINIEN AUF UND AB
UND ZU VERWEGENE DESSOUS
FÜR DICH NICHT MEHR AUGEN
UND OHREN UND
HÄNDE UND FÜSSE AUF WOLKEN
FELSEN DIE KEINEN
ANSTOSS NEHMEN
UND GEBEN
SO SEI ES

Mystische Nacht

Kugelmond schwanger-rund
rollt sinnlich-trunken
nachbarliche Dächer wund
Bleicher Duft schweigt
fremd im Raum
Gläsern scheint das Dunkel

Wolkenband bizarr-behende
webt unwirklich-fahl
Bordüren über kahle Wände
Fragiler Dunst malt
schwarz auf weiss
Lautlos rankt die Stille

Sternenstaub fein-zerstoben
streut eisig-kristallin
Marmorfunken mild von oben
Heller Rausch zieht
lodernd Kreise
Verborgen glüht Verlangen

Streifenlicht zerbrechlich-bang
taucht scheu-vergänglich
am namenlosen Bett entlang
Zarter Hauch weist
kühl den Ort
Heftig schmerzt das Sehnen ⇒

Zauberbaum fern-verwoben
schreibt anmutig-filigran
auf klamme Laken Hexenbogen
Gaukelbild fälscht
blassen Schatten
Sterblich sind die Wunder

Tränentau sakral-geweiht
glänzt samt-seiden
und gleich Perlen aufgereiht
Matte Zier schlägt
sanft den Bann
Betäubt sind alle Sinne

Schleiernebel luftig-lind
biegt silbern-taumelnd
Hochzeitstänzer sacht im Wind
Leiser Spuk wiegt
lichte Schemen
Auf ewig flieht der Schlummer

Himmelstrug wild-polychrom
täuscht geisterhaft-verlogen
wandelbare Illusion
Schriller Schreck löscht
aus den Traum
Zurück bleibt nur noch Trauer

ER-träumen
ER-blicken
ER-röten
ER-zittern
ER-wählen

ER-sehnen
ER-hoffen
ER-warten

ER-streben
ER-starken
ER-freuen
ER-regen
ER-füllen

ER-staunen
ER-fahren
ER-kennen
ER-leben

ER-schrecken

ER-klären
ER-innern
ER-kämpfen

ER-schüttern
ER-müden
ER-lahmen

$\Rightarrow$

ER-kalten
ER-drücken
ER-sticken

ER-leiden
ER-schöpfen
ER-geben
ER-liegen

ER-wachen
ER-lösen
ER-langen
ER-wachsen

RE-sümee

Künftig alles besser machen?

Will ich?
Kann ich?

Rhett Butler und Scarlett O'Hara
bedenk ich immer mit Tränen.

Keineswegs sehne ich mich
nach krachenden Szenen.

Wohl eher nach Rhett.
Dann,
wenn ich allein bin
in meinem Bett.

George-Moustaki-Assoziationen

Vater-Bruder-Partner-Mann
macht schmerzhaft auf sich aufmerksam.
Wehmütig krieg ich eben mit,
was man mir da vorenthielt.

Du Mann des einfachen Wortes
und des leisen Tons,
du verstehst dich aufs Kluge und Schöne
und kündest von einer Vision.
Du scheinst die Liebe in Person,
du scheinst mir fast zu schweben,
und alles ist an dir synchron.

Du scheinst Bewegung ohne Last.
Mann, du hast keine Ahnung,
was du angerichtet hast.

"Nous sommes deux" zieh ich mir rein,
guck mich um — und bin allein.

Inventur

Ich zähle
die Perlen
in meiner Hand
die mir
nach so viel Vergeudung
geblieben

Erleichtert
stell ich fest
es sind noch
reichlich übrig
um mich erneut zu
verlieben

mit kleinen schmuckbunten federn
kindsunschuldsvoll
entfliegen deinem munde
spielerisch flatternd zwitscherwisperzart
schwingen von deiner lippe
kecken flügelschlages

wortvögel

einschmeichelnd
flechtend ein nest
auf schwankem herzgeäst

Moritat
(Als Bänkellied zu singen)

Die Schonzeit ist vorüber.
Der Jäger pirscht zur Jagd.
Die Fallen waren ausgelegt.
Das Reh ward nicht gefragt.

Zuerst wirft er ein Lasso
aus einem starken Strick.
Das Reh kann sich entwinden.
Gleich kommt der zweite Trick.

Er lässt 'ne Angel wippen.
Die sieht ganz harmlos aus.
Der Köder ist verlockend.
Das Reh zollt ihm Applaus.

Es naschte an dem Blendwerk.
Das mundete ihm gut.
Doch vor dem Angel-*Haken,*
da war es auf der Hut.

Der Jäger wurde kühner,
ersann 'ne dritte List.
Als Rehlein einmal unbedacht,
hat er es schnell geküsst.

Das Rehlein sich erschreckte
und floh in seinen Wald.
Der Jäger liess nicht locker
und folgte ihm alsbald.

⇒

Er zieht die Kreise enger,
stellt neue Fallen auf.
Er kennt die Regeln seiner Zunft
und putzt den Flintenlauf.

Nun muss er nur noch warten.
Der Rest passiert allein:
In eine seiner Fallen
läuft's Rehlein schoh hinein.

Der Jäger hat viel Übung
und ist sich ganz gewiss:
Wenn's Rehlein auch noch zaudert,
ist das kein Hindernis.

Das Rehlein fasst Vertrauen
und fürchtet keinen Schmerz.
Als sich's dem Jäger nähert,
schiesst der ihm glatt ins Herz.

Das Rehlein strauchelt weidwund,
derweil sein Auge bricht.
Der Jäger ist zufrieden.
Er folgt nur Mannespflicht.

Auf Rehleins Nacken stellt er
den Fuss nicht ohne Stolz.
Die Flinte ruht im Grase.
Der Jäger kerbt sein Holz.

Der Klügere ...

Als Kopf und Herz sich längst noch stritten,
wer wohl der Klügere von den Zwein,
schleicht unbemerkt aus ihrer Mitten
der Leib und geht ein Bündnis ein.

Was gibt's da lange noch zu denken,
zu kalkuliern und abzuwägen,
denkt Leib sich, verschwestert sich mit den
                                    Gelenken
und pfeift auf Herz und Brägen.

Gestrichen

Verteilst Placebos als Ersatz
Süchtig wurd' ich wie nach Drogen
Sterne machen Steinen Platz
Zu leicht befunden als gewogen

Bar aller Segel ist mein Boot inzwischen
Weil ohne Wind sind sie halt schlapp
Deshalb sind sie und du gestrichen
Fast havariert — es war ganz knapp

SchaumGeboren — Traum verloren

Die Jungfrau lagert sich am Strande,
schaut sehnsuchtsvoll aufs Meer hinaus.
Gar bald entschlummert sie im Sande,
als sich erhebet ein Gebraus.

Es bricht hervor ein Fürstentross,
die wilde Brandung schäumt.
Es ist auf stolzem Feuerross
der Prinz, von dem sie träumt.

Wie ein Versprechen seiner Hände
führt in der Rechten er das Schwerte.
Die Linke lenkt mit Muskelkraft
verwegen sieben Pferde.

Zentauren steigen aus der Gischt,
es teilen sich die Wogen,
und prismengleich im frühen Licht
spannt sich ein Regenbogen.

Es neigen sich die Wellenkämme,
ihm Achtung zu bezeugen.
Der Rochen faltet seinen Mantel,
dem Prinzen sich zu beugen.   ⇒

Gekrönt die Häupter mit Juwelen
sieht man Delphine und Forellen,
die aus der Flut, platingestromt,
zu ihm empor sich schnellen.

Nixen und Nereiden singen im Gefolge
laut Ruhmeslieder ihm zu Ehren.
Und auf einer lichten Wolke
grüssen lachend Bajaderen.

Den Prinzenleib von Elfenbein
umfliesst ein leichtes Kleide
jadegrün, perlmuttbestickt,
aus feingesponnener Seide.

Sein Blick, wie ein Saphir so klar,
strahlt in der Rüstung wider.
Weil die der Jungfrau gülden scheint,
senkt sie beschämt die Lider.

Gleich einem Cape um seine Schulter
schmiegt sich sein wildgelocktes Haar,
das kaum gezähmt vom Silberreif
und schwärzer als der Onyx war.   ⇒

Es wölbet sich die edle Stirne
gleich einem Schild aus Alabaster,
der unbefleckt und sternenrein
wehret Verrat und Laster.

Über seinem Heldenkinn,
hehrschimmernd wie Opal,
dem göttergleichen Lippenbogen
die Farbe lieh Korall.

Sein Atem sich wie Ambraduft
auf ihre Sinne legt.
Sein Kampfeslied aus kühnem Munde
macht ihr das Herz bewegt.

Sie flicht ein Stirnband, ihn zu zieren,
aus Perl, Smaragd und Karneolen,
derweil sie voller Andacht lauscht
den flammenden Parolen.

Da plötzlich hebt zum Morgentanze
die Sonne sich vom Meere.
Den Prinz, bislang im eignen Glanze,
fällt nie gekannte Schwere.   ⇒

Ertappt rafft er sein Festgewand
und sammelt sein Gesinde.
Ein Trugbild hält dem Licht nicht stand
noch einem frischen Winde.

Beim ersten Wehen wankt der Prinz,
es bleibt die leere Hülle,
ein letzter Seufzer heisser Luft
von all der Pracht und Fülle.

Ein dünnes Rinnsal, fast wie Blut,
versieget seicht im Sande
aus einem Kelche ohne Glut.
Er brach dem Komödiante.

Die Jungfrau wie betäubt erwacht
aus diesem schweren Traum.
Der Wind vor ihre Füsse weht
grüngoldbesetzten Schaum ...

Sammler

Zum Sammeln 's den Faunisten drängt.
Er schultert's Netz, und umgehängt
hat er sich eine Trommel.

Er pfeift ein Liedlein, trällert leis,
ziert seinen Hut mit Edelweiss
und macht sich auf die Suche.

Zwar hat zu Haus in der Vitrine
er ganz für sich 'ne Königsbiene,
die gilt als Unikat.

Doch weil das Sammeln ihm gefällt,
geht er, weil ihn Verlangen quält,
die Kollektion zu mehren.

Er folget seiner Strategie
und flötet wie ein Kolibri.
Ihm ist nach neuen Reizen.

Zuerst streut er Ambrosia
(— das gehört zum Repertoire),
er tut das aus Erfahrung.

Schon bald hat er auch was gefangen:
Ein Falter ist ins Netz gegangen
und fällt ihm vor die Füsse.   ⇒

Er bestaunt das Exemplar,
legt's sorgsam unters Okular
und spiesst's auf eine Nadel.

Er prüft des Leibes Dimensionen,
biegt die Fühler und die Glieder
und deren Reaktionen.

Er tippt ihn mit den Fingern an.
Der Falter, erst recht zugetan,
erlahmt bei so viel Technik.

Der Sammler, gelangweilt von
                      Routine,
greift nach seiner Mandoline
und wirbt um eine Motte.

Der Falter nutzt das Vakuum,
entflieht seinem Martyrium
und macht sich aus dem Staube.

Nicht nötig

Hab kürzlich mir mein Herz verstaucht
an einem losen Steine.
Die Erfahrung hätt' ich nicht gebraucht,
verstauch mir lieber beide Beine.

Schlafstörungen

Eine Woche
schlief ich nicht
bis du
endlich bei mir warst

Vier Wochen
schlief ich schlecht
weil du
in meinem Bette lagst

Sieben Wochen
schläfst du nicht
seit ich
dich verlassen hab

Abgesang

Ich kann nicht
bei dir bleiben
weil du nicht
bei dir bist
Was soll ich denn
verweilen
wenn du mich
gar nicht siehst

Guckst du
in den Spiegel
dann ist der
einfach leer
Du kannst nicht mal
mehr sterben
— dich gibt's ja
gar nicht mehr

Angenommen,
ich wär ein Felsgestein.

Tausend Jahre
würd'st du brauchen,
mich rund und glatt
zu schleifen,
wärest du das Wasser.

Zehntausend Jahre,
mich in Stücke
zu zerbrechen,
wärest du das Wetter.

Millionen Jahre,
mich als Staub
davonzuwehen,
wärest du der Wind.

Rund geworden bin ich.
Glatt werd ich wohl nie.

In Stücke zerbrochen
ist etwas in mir,
zehntausend Jahre hat's
nicht gebraucht dazu.

Bin ja auch
kein Felsgestein.

Zu Staub vergehn
werde ich eines Tages.
Ohne dich.

Der Falke

Man verlieh dir Göttliches:
Das Privileg des Fliegens,
Bedeutung als Orakeltier,
des Kämpfens und des Siegens.

Fessellos und unnahbar
vermagst du dich in Höhen schwingen
und ungehemmt dein Lieblingslied
von der Seele Freiheit singen.

Als Symbol der Sonne
strebst du nach dem Lichte,
folgst dem Rufe deiner Sehnsucht,
machst Bindungen zunichte.

Der Falke wohl zu zähmen ist,
doch brauchst du viel Geschick.
Er darf die Fessel niemals spür'n,
sonst kehrt er nicht zurück.

Die Taube

Dich weihte man der Aphrodite,
du Priesterin der Liebe,
weil du auch für Erotik stehst,
doch bar der niedern Triebe.

Noah hat dich ausgesandt.
Um die Versöhnung zu bekunden,
kamst du vom Olivenhain,
nachdem du den Beweis gefunden.

Dich schätzt man als Begleiterin:
Du giltst als rein und friedlich.
Ob einstmals du Semiramis,
erzählt man unterschiedlich.

Die Gabe der Geflügelten
die ist auch dir zu eigen.
Doch wo der Falke fliegen muss,
neigst mehr du zum Verweilen.

und dann
kam dein brief
zu papier gebracht
als ahnungslos ich schlief
und über nacht
bin ich
ein bisschen gewachsen
nicht mehr ganz so schief
seit gestern
ein wenig runder gemacht
und morgen
mehr als heute
was schern uns dann die leute
wenn durch dich
meine seele lacht
deine liebe
unter meinen flügeln
mich durch den alltag trägt
und mein herz
im gleichklang
mit dem deinen schlägt

wenn
ich dir entgegenkomme
sacht
meine beiden hände öffne
das innen
nach oben kehre
habe keine furcht
dich darauf
niederzulassen

verweile
für eine kurze dauer

ich
werde meine finger
nicht
über dir
zusammenschlagen
wie eine falle

wenn
ich dich nicht fliegen liesse
kleiner vogel
würde ich nie
die beglückende erfahrung
deiner wiederkehr
machen

Sorry

Als in San Francisco
gestern nacht die Erde bebte
und es hat so doll gekracht
kriegte ich Gewissensbisse
weil
ich hatte grad so heftig
und intensiv
an dich gedacht

Wachstum

Jedes Mal
wenn ich mich
nach dir sehnte,
hab ich ein Licht
ins Fenster gestellt.

Soeben meldet
die Kerzenindustrie,
die Umsatzkurve
sei steil nach
oben geschnellt.

Mir ist

nach Ränzel wegwerfen,
nach Strümpfe aus,
in'n Bach reinspringen
und mit'n Füssen platschen,

nach Liedlein pfeifen,
Himmel-und-Hölle hüpfen
und mit meinem Stöcklein
an den Zäunen längsratschen,

nach Ihr-könnt-mir-alle
und Sing und Sang,
nach Glockenlachen
und uuunbändig inne Hände klatschen ...

TagTräume ...

Möcht' mich gern in deine Hände kuscheln
oder unters Hemd mich muscheln —
wenn ich mich ganz klein gemacht,
Amor sich ins Fäustchen lacht.
Ach, was könnt' ich nicht bezwecken:
Könnt' dich kitzeln, könnt' dich necken.
Kleingefaltet und sehr handlich
verwirrt' in Meetings dein Konzept ich,
würd' auf deiner Schulter sitzen
und brächt' heimlich dich zum Schwitzen.
Winzigklein, so wie ein Dwarf,
tät' ich, was ich sonst nicht darf,
um die Idee noch zu erweitern.
Würd', wenn's Not tut, dich erheitern,
streicheln würd' ich deinen Bauch,
deinen Rücken kraulen auch.
Würd' an deinen Öhrchen puscheln
und in deinen Haaren wuscheln.
Würd' alles dürfen und nichts müssen,
kriegt' nie genug von deinen Küssen.
Und dann heimlich in der Nacht ...

Ach, wär' ich, wie ich wünscht', so klein,
könnt' ich immer bei dir sein.

Sehnsucht

Kühl hüllt der mundlose Mond
sein Geheimnis in Schweigen
Keine erlösende Silbe
von steinerner Lippe

Es wiegt die Einsamkeit
mich im dunklen Arm
Die Nacht ringt mir ein Wort
aufs leere Blatt

komm ...!

wenn
jeder heut gedachte gedanke
mich dir näher
gebracht hätte
wäre ich
        spätestens
um 7 uhr 13
        bei dir gewesen ...

Ich kenn das auch,
was Ulla sagt:

" ... Wenn das Telefon
    schweigt,
    weiss ich,
    das bist du ..."

Tapfer
beschworen deine
abschiedsblauen Augen
die Unwiderlegbarkeit
des Wiedersehens

Heimlich hisste ich
den Vollmond

       denn

             heimlich glaubte
             ich noch an
             Wunder

WindStill

Du bist wie der Wind
ruhelos
von hier nach dort und zurück ein
flüchtiges Gaukeln an schwanker
Blüte neben unermüdlichem Kreuzen über
Kontinenten verloren an
vermeintlich Wesentliches

Du bist wie der Wind
den Duft mit
dir tragend von ... Waikiki ... Flugbenzin ...
Lotos ... Asphalt ... Kirschblüten ... Samsonite ...
fahndend nach der Antwort die
selbst ein Stein nicht weiss

So verfingst du dich einst auch in
meinem Haar für eine Ewigkeitssekunde die
kein Verweilen kennt

Windstill ist meine Oase

Ich bette mein unbefiedertes Herz in
gutmütige Kissen aus Erinnerungen und
Träumen

ausschliesslich und bedingungslos

die wüste
das meer
der tod
die letzte umarmung

damals

als die jahreszeiten
einander überholten
als die zaudernde sonnenuhr
träge zeittränen zählte
als der schmetterling stampfte
den zornigen fuss
als ich herzsprungbereit
begehrte den styx zu überwinden
als der rote spinell am september-
himmel revanche verlangte

war der abschied so nah
wie die schramme an meiner hand
die die erstaunte rose stach

WunschTraum

Worte, nie gesagt von dir,
entliess ich deinen Lippen:
Dass die Sehnsucht, die dich trieb,
allein stets mir gegolten.
Und dass, da endlich du in meinem Arm,
zufrieden nun am Ziele seist.

Deine Hände träumt' ich mir
sanft auf meinen Bauch,
dass sie ewig so verweilten,
weil ja dort die Seele wohnt.

Mit meinem Blick verlor ich mich
in deiner Augen Blau ...
konnt' darin die Liebe schaun
und eine Zukunft rein und klar.

Nicht zu rühren wag ich mich,
den Traum nicht zu zerstören.
Fleh', er möge wirklich werden.
Furcht hab ich, jetzt aufzuwachen.

Falls je und überhaupt ...

Zweifach hast du mich getroffen.
Zum einen war's in meiner Stadt.
Zum andern — unübertroffen —
trafst akkurat du mich ins Herz
mit folgenschwerem Resultat.

Bewahrt hab ich ein Blütenblatt,
das du für mich berührtest.
Nur scheinbar ist die Farbe matt
— mir glüht es auf die Dauer
für das, was einst du spürtest.

Versprochen war ver-sprochen.
Wiederum ist tragendes Gebälk
inwendig mir zerbrochen
wie der Stängel jener Blume,
die von gestern, müd und welk.

So wohn' ich jetzt im Glasgebäude
(es mag dem deinen gleichen).
Ich braucht' es niemals mehr als heute.
Ich hab's versehn mit einem Bann
und tausend Zauberzeichen.   ⇒

Aus Disziplin gebaut mein Haus,
als Schild soll es mir nützen.
Es sieht zwar aus
als sei's aus Glas,
doch wird's mich gut beschützen.

Ich hab es kunstvoll aufgeschichtet,
geformt mit wehen Händen.
Leid hat sich zum Stoff verdichtet:
Baumaterial aus Schmerz
mit transparenten Wänden.

Mein Kugelheim ist hell und licht
(ich kann nach draussen schauen),
anzurühren ist es nicht.
Und nimmer brechen es noch ich.
Nur, falls je und überhaupt, vermag's
                    durch Liebe tauen.

In Gedanken

In Gedanken
schon ein Stück
legt' ich meinen Weg zurück

Und find mich
dass ich lauschend suche
dein Gesicht
im Blattwerk
einer alten Buche

> Doch nur das Spiel
> von Licht und Schatten
> zeichnete auf
> Gehwegplatten
> flüchtige Konturen

> Nun hör ich
> meinen Namen rufen
> Ich lauf und stolper
> über Wurzelstufen
> deiner Stimme folgend

> Zwischen
> stillen Weiden
> lehn ich stumm und
> trauerblind
> In ihren Zauberzweigen
> narrte mich der Wind

Ich füge
    die alten Scherben
    geduldig zusammen

und sehe
    etwas Neues ist
    entstanden

Ich bin's
    zufrieden

Fünf Farben

Aus der gelbgelben Wärme
des Mittags im August
der kräuselblauen Kühle
der Wellen am See
dem Wispergrün
des wiegenden Schilfs

aus der samtweichen Schwärze
jener Sommernacht
den knisterweissen Sternen
von des Himmels Kuppel
fügte ich ein Bild

Und wie ich's betrachte
so scheint es mir gut
Da ist es ein bisschen geschwärzt
von Trennung und Traurigsein
doch leuchtet
die funkelnde Weisse
einer unvergessenen Freude hervor
Die Bläue macht's nicht etwa kühl
eher dünkt sie mir so klar
wie ein Quell der Zuversicht
Hoffnung schenkt mir das Grün
Ruhe und Kraft   ⇒

Inniges Gelb
bringt zurück
die Erinnerung
an die Freundschaft
die uns verband

Als dieses Bild
zu malen ich begann
trug fünf Farben
die Palette nur

Nun ist's vollendet

Und ich vermisste nicht
ein Rot

Wie ein
erfüllter Wunsch
stehst du da
plötzlich
unvermutet unerwartet unplanmässig

und jäh
fühle ich mich wie
Baby in *Dirty Dancing* als
sie stammelt
Ich hab eine Wassermelone getragen

Fernes warmes Tuskulum

Alles gesagt ...?

Gemalt. Vertont. Geschrieben.
Von Malern, Komponisten, Dichtern.
In Farbe, Ton und Tinte.

Ich probier es mit

Will sein
wie ein Baum für dich

Mit meinen Wurzeln
stark
und kraftvoll
Vertrauen atmen aus der guten Erde
wenn Hoffnung dir abhanden kommt

Mit meinem Stamm
stark
und unerschütterlich
Stütze dir geben
wenn den Halt du mal verlierst

Mit meinen Ästen
stark
und beständig
Schirm dir bieten
wenn nach Schutz du suchst

Mit meinen Blättern
stark
und lebendig
Schatten dir spenden
wenn der Ruhe du bedarfst   ⇒

Mit meinen Knospen
stark
und optimistisch
Ermutigung dir bedeuten
wenn es an Zuversicht dir mangelt

Mit meinen Früchten
stark
und reif
ein Zeichen dir setzen
wenn Zweifel du am Herbst des
                              Lebens hegst

Mit meinen Jahresringen
stark
und positiv
Weisheit dir zeigen
wenn des Alters Spuren du fürchtest

Auf meiner Rinde
stark
und verletzlich
Raum dir schenken
wann immer dich danach verlangt
hineinzuschneiden *Ich liebe Dich*

Ein Zelt

Ein Zelt aus Sehnsuchtsschleiern
        und Zärtlichkeitsbändern
werde ich flechten und winden

Ein Lager aus Apfelblütenschaum
        und Rosenblätterduft
werde ich breiten für dich

Mit Ölen aus Jasmin, Veilchen
        und Zimtvanille
werde ich salben deinen Leib

Mit köstlichen Liebestränken
        gewachsen in weissen Lilienkelchen
        und rosigen Malvenkrügen
werde ich dich laben und stärken

Symphonien aus feinem Harfenlicht
        und Klopfherzzimbeln
werden sacht wiegen deinen Schlaf

Sphärensänge aus Lerchenheiterkeit
        und Nachtigallensüsse
werden begleiten deine Träume   ⇒

Mit Fächern gleich Feenflügeln
        und Engelsschwingen
        gewoben aus kühlen Zephiren
        über deiner schweren Stirn
werde ich vertreiben die Last
        von deiner Seele
        Geliebter

wenn du wirst finden den Weg
        den Weg zu meiner Oase

Ich kann dich lieben
ohne dich —
was weiss das Meer
vom Quell ...

Ein Märchen

Vor langer, sehr langer Zeit blies einmal ein übermütiger Frühlingswind das Samenkorn eines Baumes auf eine weite Ebene.

Weil sein lustiger Tanz ihn müde gemacht hatte, ließ der Frühlingswind das Samenkorn ganz plötzlich fallen und schlief ebenso plötzlich ein, mitten in der weiten Ebene ... Und weil das Samenkorn sich nicht alleine fortbewegen konnte, blieb ihm also nichts anderes übrig, als an dieser Stelle einfach liegen zu bleiben ...

Aus dem Samenkorn spross nach einer Weile ein junger Baum, und der, als er sich umsah, war gar nicht zufrieden mit dem Platz, an dem er sich befand. Er haderte mit dem Wind, den er selbstsüchtig, leichtfertig und nichtsnutzig schalt; mit Sonne und Regen, die sein Samenkorn zum Keimen gebracht hatten; mit der weiten Ebene, die er öde und langweilig fand; mit seinen Geschwistern, die klüger gewesen waren als er und sich nicht hatten vom Wind treiben lassen; und mit sich und seinen eigenen Wurzeln, die ihn zwangen, an einem Ort zu verharren, an dem er nicht sein wollte.

Er war so sehr unzufrieden mit seiner Lage, dass er beschloss, mit aller Kraft zu versuchen, seine Wurzeln selbst aus der Erde zu ziehen. Und im späten Herbst, während Stürme über die weite Ebene tobten, schien dem jungen Baum der richtige Zeitpunkt gekommen. Er verhandelte mit dem Novembersturm — und dem war es eben recht. Denn der Novembersturm liebt es geradezu, Dinge vor sich her zu wirbeln und sein wildes Spiel damit zu treiben. Aber wie sehr der junge Baum und der Novembersturm sich auch gemeinsam bemühten, gelang es ihnen nicht, die Wurzeln gänzlich der Erde zu entreißen. Nur zwei von inzwischen vielen Wurzeln lockerten sich und krümmten sich über der Erde, so dass es aussah, als hätte der junge Baum zwei oberirdische Knie. Der junge Baum jedoch lehnte sich weiter auf und versuchte, sich nach allen Seiten zu biegen, um egal wohin zu gelangen und um nicht dort, wo er nun einmal war und wohin ihn sein Geschick gestellt hatte, bleiben zu müssen.

Sein schlanker Stamm war noch recht geschmeidig und bog sich zunächst ein wenig unter den trotzigen Bewegungen des jungen Baumes und dem Zerren des

Novembersturmes. Mehr geschah jedoch nicht.

Irgendwann verließen den jungen Baum seine Kräfte. Und der Novembersturm, weil er sich um seinen Spaß betrogen sah, machte sich brausend davon, um sich woanders ein Spielzeug zu suchen. Der junge Baum fiel vor Erschöpfung und Verdruss in einen langen, tiefen Schlaf mit schweren Träumen ...

Als er erwachte und an sich herabsah, bemerkte er, dass ihm von all seinen angestrengten Bemühungen ein kleiner Knick in seinem Stamm und zwei Wurzelknie mit einer Mulde dazwischen geblieben waren.

Er reckte sich, schüttelte seine junge Krone und tat einen tiefen Atemzug. Er sprach zu sich selbst: Wer bin ich? Ich bin kein Fisch im Strom. Ich bin kein Vogel in der Luft. Ich bin ein Baum in einer weiten Ebene. So will ich also ein Baum *sein* und alle meine Möglichkeiten dafür verwenden, ein *guter* Baum zu werden.

Und von diesem Tag an wuchs er gerade und aufrecht. Der kleine Knick in seinem Stamm und die beiden Wurzelknie

erinnerten ihn an seine frühere Unzufrie-
denheit, an die Vergeudung seiner Kraft
und an die Sinnlosigkeit seines Strebens
nach Änderung der unveränderbaren Ge-
gebenheiten.

Er begann, die Ebene mit ihrem
weiten Blick zu lieben. Und er erkannte,
dass sein wahres Wachstum nur in der
Einsamkeit möglich werden konnte, weil
räumliche und geistige Enge keine Ent-
faltung zulassen. Ganz selten erinnerte er
sich seiner Brüder und Schwestern in den
Baumschulen, die in Reihen ausgerichtet
standen, auf die gleiche Größe gestutzt
waren, und die alle dasselbe dachten,
weil sie nur einander zum Reden hatten;
und an die in den Wäldern, die kaum mehr
als sich selbst sahen; die nichts wussten
von den Weiten der Horizonte, weil sie
sich gegenseitig die freie Sicht verstellten.
Er ertrug es, dass sie aus Unverständnis
ihre Wipfel schüttelten, und dass sie über
ihn lachten. Es war das Gelächter derer,
die nur verstanden, was sie mit ihren
Augen sehen konnten — nicht mit ihren Her-
zen, und deren Blickfeld an ihren Zweig-
spitzen endete.

So vergingen die Jahre. Der Baum bot Herberge den Käfern und Vögeln, den Kindern und Liebenden und allen, die ihn besuchten, um ihn wieder zu verlassen — je nach Jahreszeit und Bedürfnis. Und des Nachts diente er den Sternen als Leiter, wenn sie aufstiegen zum Himmel.

Eines Tages kamen ein junges Mädchen und ein junger Mann zu dem jungen Baum. Sie lachten miteinander, neckten sich und schienen sehr verliebt zu sein, denn sie hatten nur Augen für einander. Sie ließen sich nieder in der Mulde zwischen den Wurzelknien, küssten sich und waren einander nah unter den bergenden Zweigen des jungen Baumes.

Bevor sich die beiden auf den Heimweg machten, schnitt der junge Mann mit einem scharfen Messer ein Stück aus der jungen Rinde des jungen Baumes, strich mit seiner Hand über das glatte weiße Holz, das er freigelegt hatte, und kerbte ein Herz hinein und die Anfangsbuchstaben ihrer beider Namen. Lachend und küssend versprachen sie sich, jedes Jahr zur selben Zeit den Baum, das Herz und den Ort ihres jungen Glücks wieder aufzusuchen.

Den Baum schmerzten die Schnitte, die der junge Mann seiner jungen Rinde zugefügt hatte, und in der Nacht rannen ihm viele Harztränen aus seiner Wunde ...

So vergingen weitere Jahre. Im Sommer gab sich der Baum der Sonne hin und blätterte Schatten herab, wenn Menschen unter ihm rasteten; im Herbst wiegte er sich mit den Winden, und der Regen perlte ihm den Staub von der Seele. Kam der Novembersturm, versuchte dieser, ihn noch wieder zu biegen und mit sich fortzureißen. Doch der Baum trotzte ihm, reckte sich und besann sich seiner Bestimmung und seiner immer stärker werdender Wurzeln. Im Winter lauschte er der Stille und in der Stille ganz tief im Inneren seinem Wachsen; und im Frühling spürte er seine aufsteigende Kraft. Die kleine Biegung in seinem Stamm aus der Zeit, als er noch auf der Suche nach der wahren Richtung in seinem Leben war, trug er mit Gelassenheit und Würde ...

Die beiden, die sich vor vielen Jahren ein Versprechen gegeben hatten, waren nicht wiedergekommen. Sie hatten den Baum sicher ebenso vergessen wie ihr Versprechen, und wie sie vielleicht einander vergessen hatten. Nur der Baum, der Baum dachte noch an sie. Und nicht nur, weil ihn das geschnittene Herz in seinem Stamm daran erinnerte ...

Der Baum verbrachte die Jahre damit, Zwiesprache mit dem Mond zu halten, der, wie kaum ein anderer, die Licht- und Schattenseiten des Daseins kannte und die Welt von allen Seiten sah. Er lauschte den Märchen, Legenden und Botschaften der Winde und den heiteren und düsteren Erzählungen der Wolken. Er lernte die Geschichte und Geschicke der Menschen; er lernte von Pyramiden und Gezeiten, Wüsten und Gletschern, Kriegen und Künsten, Falken und Tauben, Rosen und Wein. Selbst die Winterkrähen ließ er zu Wort kommen mit ihrem lärmenden klagenden Gezeter. Der Baum hörte allen aufmerksam zu, erwog und kelterte das Gehörte, bis es zu Weisheit gerann, und er bewahrte alles in seinen Jahresringen.

So legte er viele Ringe um seinen Stamm. Ring um Ring wuchs er in die Breite, und er wuchs in die Höhe. Und je höher er wuchs, desto weiter reichte sein Blick. Er kannte alle Lieder, und er kannte alle Wetter. Mit den Jahren bekam der Baum eine schrundige Borke von all den Wettern.

Nur eine Stelle wurde nicht rau. Dort, wo der junge Mann seine Rinde abgeschält und ein Herz in sein Holz gekerbt hatte, waren die Einschnitte verheilt und die Rinde glatt.

Der Baum wirkte einsam in der Ebene und klein von fern. Aber kam jemand näher, wuchs er auf zu mächtiger Größe voller Güte und Weisheit. Weil er seine eigenen Abgründe kennen gelernt hatte, konnte er geduldig und nachsichtig mit denen anderer sein. An die, die bei ihm verweilten und offene Herzen mitbrachten, gab er sein Wissen weiter. Dann rauschte es in seiner Krone, wogten und wiegten seine Äste, raschelten seine Blätter, flüsterte und sang es in seinem Gezweig ...

Eines Tages näherten sich zwei alte Menschen dem Baum. Schon in der Ferne konnte er die beiden wahrnehmen, wie sie langsam nebeneinander über die weite Ebene kamen. Und mit seiner Herzwunde, die zwar verheilt aber nicht vernarbt und schrundighart war, erkannte er die Liebenden von einst.

Als sie endlich den Baum erreicht hatten, standen sie lange davor, staunten in die mächtige Krone hinauf und suchten den Stamm ab nach ihrem Herzen mit den Anfangsbuchstaben ihrer Namen darin. Und sie lächelten und fassten sich bei den Händen, als sie es fanden. Der Mann und die Frau ließen sich langsam und vorsichtig in der Mulde zwischen den zwei Wurzelknien nieder und lehnten sich miteinander an den Stamm des Baumes.

Wir werden nicht erfahren, was die beiden besprachen, denn der Baum hütete das ihm anvertraute Geheimnis. Er flocht mildes Licht und schützenden Schatten um sie und summte mit seinen Blättern eine leise Melodie, und so beschirmte er sie vor Fremder Blick und Ohr.

Als sich die beiden alten Menschen nach langer Zeit erhoben, kam er ihnen mit seinen Ästen entgegen, um ihnen das Aufstehen zu erleichtern. Nachdem sie das geschnittene Herz mit den Anfangsbuchstaben ihrer Namen darin noch einmal berührt hatten, verließen die Liebenden den Baum Hand in Hand. Der Baum begleitete sie noch über die ganze weite Ebene mit seinen Blicken und darüber hinaus mit tiefer Zuneigung und Verbundenheit.

Denn in seiner Weisheit fühlte und sah er, dass etwas die beiden umgab, das Frieden bedeutete.

Inhaltsverzeichnis

Ausserdem von Uta Haeder bei BoD erschienen

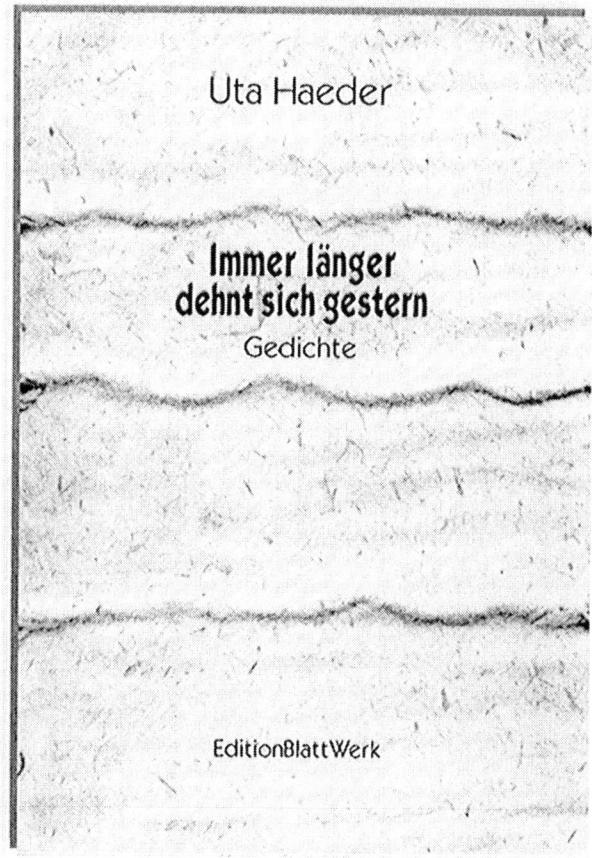

Uta Haeder

**Immer länger
dehnt sich gestern**
Gedichte

EditionBlattWerk

Eingewoben zwischen farbenfrohen Monatsbildern spannt
die Autorin einen facettenreichen Themenbogen: Es finden
sich Erinnerungen und Träume, Gedanken zu Kindheit,
Altern und Tod, Abschied und Einsamkeit, Ansichten
über Kunst und Umwelt, alte und frische Verletzungen,
persönliche Bekenntnisse und immer auch der Blick in
den Spiegel ...

ISBN 3-8330-0151-8